M000195363

La actitud positiva es un hábito... podemos practicarla todos los días hasta que se vuelva parte de nuestro ser... y transforme nuestra vida en el trayecto.

Washington L. Crowley

*Las ediciones en español
publicadas por*
Blue Mountain Arts™

*A mi hija con amor
sobre las cosas importantes de la vida*
por Susan Polis Schutz

A mi hijo con amor
por Susan Polis Schutz

Adelante, niña... sigue soñando

Dios siempre está cuidándote

El amor entre madre e hija es para siempre

Las amigas son para siempre
por Marci

Para mi maravillosa madre

Para ti, mi alma gemela

Para una niña increíble/For an Incredible Girl
(Bilingual Edition)

Piensa pensamientos positivos cada día

Sólo para niñas

*Una hija es el mejor regalo
que nos dio la vida*

Piensa
pensamientos
positivos

cada día

Palabras que inspiran
una visión más optimista
de la vida

Edición actualizada

Editado por Patricia Wayant

Artes Monte Azul™
Blue Mountain Arts, Inc., Boulder, Colorado

Propiedad intelectual © 2011 de Blue Mountain Arts, Inc.

Todos los derechos reservados. Prohibida la reproducción, almacenamiento en sistemas recuperables y transmisión de cualquier índole o por medios electrónicos o mecánicos, fotocopias o grabaciones u otros medios de cualquier porción de esta publicación, sin autorización por escrito de la casa editora.

Queremos agradecer a Susan Polis Schutz por permitirnos la impresión de los siguientes poemas que aparecen en esta publicación "Halla la dicha en todo lo que hagas" y "Piensa en positivo." Propiedad intelectual © 1983, 1986 de Stephen Schutz y Susan Polis Schutz. Y "Esta es tu vida." Propiedad intelectual © 1979 de Continental Publications. Todos los derechos reservados.

Número de tarjeta de catálogo de la Biblioteca del Congreso: 2011911701
ISBN: 978-1-59842-625-0

Artes Monte Azul es una marca comercial registrada en los EE.UU. y en otros países.
Algunas marcas comerciales son usadas por licencia.

Los reconocimientos aparecen en la página 64.

Impreso en China.
Tercera impresión español de esta edición: 2014

✪ Este libro se imprimió en papel reciclado.

Este libro está impreso en papel que ha sido producido especialmente para estar libre de ácido (pH neutro) y no contiene madera triturada ni pulpa no blanqueada. Cumple todos los requisitos del American National Standards Institute, Inc., lo que garantiza que este libro sea duradero y pueda ser disfrutado por generaciones futuras.

Blue Mountain Arts, Inc.
P.O. Box 4549, Boulder, Colorado 80306 , EE.UU.

Índice

Piensa pensamientos positivos cada día

Dedica un momento a mirar a tu alrededor y sonreír ante tu vida y tus elecciones. No te preocupes por los caminos que deberías haber tomado o las oportunidades que ignoraste. En cambio, absorbe la vida que te rodea — deja que llene tu alma de luz y esperanza.

Reflexiona sobre el pasado y todos los recuerdos, buenos y malos, que hacen que seas como eres hoy. Tienes un largo camino por delante y continuarás creciendo, cambiando y prosperando.

La vida puede estar llena de ocupaciones y a veces damos por sentadas esas cosas pequeñas pero importantes que nos hacen sonreír. Mira el atardecer, comparte una taza de café con tu mejor amigo o escucha el susurro del viento en los árboles. Dedica un momento a escuchar la vida y sentir el sol en tu rostro y detente a mirar las mariposas en tu jardín.

Dedica un momento cada día a pensar pensamientos positivos.

Carol Schelling

No permitas que nada robe tu dicha

Elige estar bien en todas las formas posibles. Opta por la dicha, pase lo que pase. Decide que cada día será un buen día, porque tú cuentas con tu vida.

Tú puedes dominar tus pensamientos y sentimientos. No permitas que tus circunstancias enturbien tu estado de ánimo. No permitas que tus pensamientos y sentimientos tiñan de negro la situación o la tornen desesperada.

Aunque no tengas todo lo que quieres, aunque sufras dolor o penuria, puedes optar por la dicha, no importa cuál sea tu experiencia. Tú eres más que tu cuerpo, tu presencia física y tus posesiones materiales. También eres espíritu. Tienes tu mente, tu corazón y tu alma y siempre hay algo por lo cual estar agradecidos.

Decide que la vida es buena y que tú eres especial. Decide disfrutar el día de hoy. Decide que ahora vivirás la vida plenamente, sin importar qué pase. Confía en que cambiarás lo que sea necesario cambiar, pero también decide que no vas a posponer disfrutar la vida sólo porque no tengas todo lo que deseas ahora. Niégate rotundamente a permitir que nada robe tu dicha. Elige ser feliz... ¡y lo serás!

Donna Fargo

Piensa en positivo

Ten confianza en ti
Ten un fuerte sentido de propósito
Nunca pongas excusas para no hacer algo
Siempre intenta intensamente alcanzar la perfección
Nunca consideres la idea del fracaso
Trabaja con extremo ahínco para alcanzar tus metas
Ten claro quién eres
Comprende tus debilidades
    así como tus fortalezas
Acepta la crítica y benefíciate con ella
Sabe cuándo defender lo que haces
Ten creatividad
No tengas miedo de ser un poco diferente
    al encontrar soluciones innovadoras que
      te permitirán alcanzar tus sueños

        Susan Polis Schutz

Tienes opciones

Cuando tienes que resolver algo especialmente difícil, intenta recordar que…

Tienes este momento… Puedes elegir ser feliz o infeliz. Puedes elegir lo que piensas, lo que dices, y lo que sientes. Puedes elegir tener esperanzas o desesperarte, responder con enojo o alegría, aburrirte o interesarte.

Tienes este día… Sin importar cómo esté el clima, puedes elegir qué tipo de día va a ser — hermoso u horrible, o algo intermedio. Puedes elegir qué harás y qué no harás — desistir, ceder o seguir adelante. Tienes la opción de hacer algo o nada, de comenzar ahora o más tarde. Puedes elegir qué actitud tomar ante lo que enfrentas.

Tienes tu vida... Si no te sientes feliz, satisfecho, entusiasmado y esperanzado, estás engañándote. Puedes hablar y hablar contigo mismo sobre lo que necesitas hacer para honrar tu vida, pero si no conviertes esos pensamientos en acciones, simplemente estás mintiéndote y rindiéndote ante cualquier cosa que se te ocurra.

Tienes el poder de elegir... Tu vida es la manifestación de las decisiones que tomas a cada momento y cada día. Cuando usas este increíble don para tu beneficio, no existe nada que no puedas hacer.

≈

Donna Fargo

Mira el lado bueno de las cosas

Piensa en las cosas buenas de la vida, como el sol, las vacaciones, sentirse amado, las buenas amistades y la risa. Piensa en el arco iris, cielos azules y hermosas puestas de sol y ser amado, querido y aceptado. Recuerda que en la vida, si bien hay algunas cosas malas, también ocurren cosas buenas.

Maria Mullins

Cambia tus pensamientos...
Cambia tu vida

Cuando te dices a ti mismo "Voy a tener una visita agradable o un viaje agradable" estás literalmente enviando por adelantado elementos y fuerzas antes de que llegue tu cuerpo que arreglarán las cosas para que tu visita o tu viaje sean agradables. Cuando antes de la visita, el viaje o la salida de compras estás de mal humor, o tienes miedo o aprensión de algo desagradable, estás enviando agentes invisibles que producirán algo desagradable. Nuestros pensamientos, o en otras palabras, nuestro estado de ánimo, está siempre en funcionamiento "preparando" cosas buenas o malas por adelantado.

Prentice Mulford

Serás aquello que decidas ser. Proponte ser
alguien en el mundo y serás alguien.

"No puedo," nunca logró nada.

Pero "lo intentaré," ha hecho maravillas.

⸺

Joel Hawes

Saber en tu corazón que estás a cargo
de tu destino puede darte el poder de
superar obstáculos. Es una actitud que te
guía en tiempos difíciles y que mira
lo positivo y desafía lo negativo.

⸺

Barbara Cage

No tienes por qué aceptar la derrota

A veces la vida nos lanza una bola difícil,
y a menudo nos toma tan por sorpresa
que nos sentimos desvalidos.
Olvidamos cuán capaces somos,
olvidamos cómo
juntar fuerzas,
levantar la frente,
y hallar esperanzas.
Cuando ocurre lo inesperado,
es bueno recordar
que no tienes por qué aceptar la derrota
o rendirte ante las circunstancias.
Sólo tienes que invocar
ese espíritu valeroso que hay en ti,
dejar que tu confianza deslumbre,
y recordar cuán capaz eres.

A veces ayuda que nos recuerden
esas cualidades
que nos mantienen fuertes y nos hacen avanzar.
Recuerda aquellos momentos
que intentaron avasallarte
pero no tuvieron ni una oportunidad
porque eres fuerte y capaz
¡y un ganador de la cabeza a los pies!

Barbara J. Hall

No podemos controlar el mundo exterior, pero podemos dominar el interior

No siempre podemos controlar
las personas, los sucesos o las circunstancias
que nos rodean,
pero podemos controlar de qué manera decidimos
reaccionar ante ellos.
Nada ni nadie tiene el poder
de enojarnos o asustarnos o frustrarnos —
esas son simplemente las maneras
en que decidimos responder.
En lugar de sentir resentimiento
porque la gente no siempre actúa
como nos gustaría
o las circunstancias no siempre se presentan
como preferiríamos,
es útil enfocarnos en cambio
en nuestro ser interior —
en ser más concientes
de los pensamientos y sentimientos
que deseamos tener.

Cuando ya no confiamos en
las circunstancias
para que nos hagan felices
y elegimos la felicidad a pesar de ellas,
pronto notamos que las mismas cosas
que nos resultaban objetables
se desvanecen mágicamente.
Y en su lugar se derrama
un glorioso aluvión de todas las cosas
que merecen y reflejan
nuestra buena energía.

No siempre podemos controlar
el mundo que nos rodea,
pero podemos dominar el interior
y crear dicha y belleza
tanto adentro como afuera.

Lynn Keachie

No pierdas la fe en ti

Confía en tus decisiones y sentimientos
y haz lo que sea mejor para ti.
El futuro se resolverá solo.
No permitas que la negatividad de los otros
influencie tus sueños, tus valores
    o tus esperanzas.
Concéntrate en lo que puedes cambiar
y deja ir lo que no puedes.
Sabes lo que vales,
lo que has logrado,
y de lo que eres capaz.

Tus objetivos pueden tardar un poco más
y pueden ser más difíciles de lograr
de lo que esperabas,
pero concéntrate en lo positivo
y combina la fe con
cantidades generosas de paciencia
y determinación.
Da un paso audaz y confiado
    hacia tu futuro
en el que la felicidad, el éxito,
y los sueños te esperan.

Barbara Cage

Aprende de tus errores

Considera cada desengaño y problema como una gran experiencia y una lección temporal para que aprendas.

Ella Wheeler Wilcox

El único error verdadero que cometemos es aquel del cual no aprendemos nada.

John Wesley Powell

...Luego olvida

Termina cada día y ya no pienses en él. Hiciste lo que pudiste. Por cierto hubo algunos desaciertos y tropezones; olvídalos tan pronto puedas.

〜〜

Ralph Waldo Emerson

Si quieres tener salud moral, mental y física, simplemente libérate. No te aferres a las pequeñas molestias de la vida cotidiana, las irritaciones y las aflicciones nimias que se cruzan en tu camino diariamente. No las adoptes, las cuides, las acaricies y te obsesiones con ellas. No valen la pena. ¡Olvídalas!

Aprende a no aferrarte. Así como valoras la salud del cuerpo y la tranquilidad de espíritu, no te aferres — ¡simplemente olvídalas!

〜〜

Anónimo

Busca la luz del sol

Cuando la vida parezca una montaña
demasiado difícil de escalar…
　　encontrarás la fuerza
　　　para dar un solo paso más.
Cuando tu viaje parezca demasiado difícil
　　de soportar…
　　　encontrarás el coraje
　　　　para enfrentar un día más.
Cuando sientas que has perdido el rumbo
　　y no sepas dónde ir…
　　　deja que tu fe y confianza guíen el camino.
Y cuando sea difícil creer
　　que alguna vez las cosas mejorarán…
　　busca dentro de tu corazón —
　　　y encuentra esperanza.

Recuerda que toda tormenta es pasajera —
y la luz del sol y los días más luminosos
　　siempre le siguen a la lluvia.

〜

Jason Blume

Mientras tengas esperanza, todo es posible

La esperanza se encuentra en la forma
en que miras la vida.
Es el camino trazado
para que sigas.
Está en los planes que debes hacer,
las metas que quieres alcanzar,
el sueño que te deja
sin aliento.

La esperanza está allí donde ves
cómo pueden ser las cosas.
Es el espíritu de aquel que no se rinde,
la voz que dice que se puede hacer,
y el entusiasmo por llevarlo a cabo.

La esperanza es la creencia en que todo
    es posible,
el emblema de aquel que cree
que los sueños pueden volverse realidad,
y la actitud alegre de avanzar
para alcanzar cada objetivo.
Pero especialmente, la esperanza saca a relucir
al ganador que vive en tu corazón.

Barbara J. Hall

Rodéate
de positividad

Nunca permitas que nadie
te desaliente
de perseguir tus sueños.
Rodéate de personas
alentadoras
amables —
optimistas que te entusiasmarán
con tus sueños y objetivos.

Rodéate
de personas que te apoyen —
esas que te dicen
que desistir es delirante
porque eres tan bueno
en lo que haces.

No puedes desperdiciar
la pasión y el talento
que te han sido concedidos.
No permitas que la gente negativa
te abata…
deja que la gente positiva te levante.

~~

April Aragam

El mayor éxito
en la vida es vivir
cada día con alegría

La riqueza material tiene sin duda sus méritos —
pero por sí sola no puede dar las riquezas
de una vida con verdadero significado.
Una vida con verdadero significado posee
un sentido inherente
tanto de identidad como de propósito.
Celebra la verdad, el amor y la libertad
y permanece por siempre agradecida
    de sus bendiciones.
Es una vida que da y se preocupa
y marca una diferencia
    de infinitas formas conmovedoras.
Convierte al mundo en un lugar
    mucho mejor y más prometedor
de lo que habría sido sin ella.

La gente muchas veces busca formas
de medir el valor de sus vidas.
Los más afortunados
    llegan a darse cuenta
de que no se necesita tener la mejor educación
para poseer la mayor sabiduría
o la cuenta bancaria más abultada para sentirse
    inconmensurablemente rico.
Porque si eres feliz y compartes
    tu éxtasis en cada momento,
entonces caminas entre
los seres más exitosos
que hayan honrado esta tierra.

〜

Lynn Keachie

Halla la dicha
en todo lo que hagas

Halla la dicha en la naturaleza
en la belleza de una montaña
en la serenidad del mar
Halla la dicha en la amistad
en el placer de departir
en compartir y comprender
Halla la dicha en tu familia
en la estabilidad de saber
    que alguien te quiere
en la fortaleza del amor y de la
    honestidad
Halla la dicha en tu persona
en tu mente y tu cuerpo
en tus valores y tus logros
Halla la dicha en
todo
lo que
hagas

Susan Polis Schutz

Perdona

El perdón es liberarse del dolor
y aceptar lo que ha ocurrido,
porque no cambiará.

El perdón es ya no culpar.
Se hicieron elecciones que causaron pena;
cada uno de nosotros podría haber elegido distinto,
pero no lo hicimos.

El perdón es contemplar el dolor,
aprender las lecciones que nos enseñó,
y entender lo que aprendimos.

El perdón nos permite proseguir
hacia una mejor comprensión
del amor universal
y de nuestro verdadero propósito.

El perdón es saber que el amor
es la respuesta a todas las preguntas,
y que todos estamos
de alguna manera enlazados.

El perdón es volver a empezar
con el conocimiento
que hemos adquirido.
Es decir:
"Te perdono, y me perdono.
Espero que puedas hacerlo tú también".

Judith Mammay

Las seis cosas más importantes que puedes hacer

≈ Mira al espejo y sonríe… y ve una persona maravillosa que te devuelve la mirada. Eres verdaderamente alguien especial y tu presencia es un regalo para el mundo que te rodea.

≈ Cuando cuentes tus bendiciones, no olvides incluir el privilegio de tener un nuevo amanecer cada mañana y un nuevo comienzo cada día.

≈ Nunca desistas de tus esperanzas y tus sueños. Tu felicidad depende de que seas fuerte.

≈ Sabe que puedes alcanzar tu interior más profundo y encontrar todo lo que necesitas para superar cada momento que te depara el futuro.

≈ Cuando hables con aquellos que más importan, abre las puertas de tu corazón. Cuánto más abiertas estén, más fácil será que cosas como la compasión y la comprensión entren. Y naturalmente se deduce... cuánto más maravillosos sean tus visitantes, más brillará tu vida.

≈ Relájate un poco y sonríe mucho e intenta no preocuparte demasiado. Sabe que eres un ser amado y querido... y que, cuando los necesites, tus ángeles guardianes siempre están dispuestos a hacer horas extras.

Douglas Pagels

En el centro de toda felicidad y éxito hay una actitud positiva

Estás hecho para soñar, para anhelar e imaginar;
estás predestinado a llegar, a estirarte
  y remontar vuelo;
fuiste creado para reír, vivir y amar.

Suficientes cosas pueden salir mal en la vida
  sin que te menoscabes.
La vida tiende a darte exactamente aquello
  que invitas con tus pensamientos.
Si piensas, actúas y hablas negativamente,
  lo más probable es que tu mundo sea negativo.
Tu actitud es algo que tú decides.

Es posible cambiar tu vida
simplemente ajustando tu actitud.
El optimismo y el entusiasmo con frecuencia
crearán logros verdaderos y dicha duradera.
Hace falta tan poco en la vida para ser
realmente feliz,
y casi todo lo que necesitas
puedes encontrarlo en tu interior —
en tu propio corazón y en tu alma,
en la manera en que decides pensar.

Deshazte de los pensamientos negativos
e intenta evitar a las personas negativas.
Piensa, actúa y habla con honestidad,
integridad y una actitud positiva.
Rodéate de personas alentadoras
y cariñosas, y lograrás
un profundo sentimiento de paz interior,
que es el centro de toda felicidad
y éxito verdadero.

Vickie M. Worsham

El futuro pertenece a aquellos que creen
en la belleza de sus sueños.

Eleanor Roosevelt

No tengas miedo
de soñar

Recuerda que un deseo
puede llevarte a cualquier sitio —
y parte de la gracia es querer llegar a las estrellas.
Tus sueños fueron hechos para volar;
deja que tu espíritu baile
en cada momento de vigilia.
Cada día trae consigo regalos;
sostiene en tus manos cada promesa.
En tu interior está tu propio universo.
Algo de polvo de estrellas sopla hacia ti —
algo de luz y algo de maravilla.
Sigue tus inclinaciones;
escucha el susurro de tu alma.

Linda E. Knight

Cuenta tus bendiciones

Si supiéramos todo lo que ser agradecidos haría por nosotros, estoy seguro de que haríamos una pausa todos los días para contar algunas de nuestras bendiciones. Cuando el espíritu del agradecimiento ocupa su lugar en nuestra conciencia, irradiamos vida desde el mismo centro de nuestro ser hacia el mundo que nos rodea.

Anónimo

Las personas más dichosas del mundo son aquellas que olvidan fácilmente sus preocupaciones... y recuerdan fácilmente sus bendiciones.

Alin Austin

Ten conciencia cada día
    de la belleza que te rodea.
Y gratitud plena
    por amistades y familia,
por la bondad que hallas en otros,
por tu salud y por lo que eres capaz de hacer.
Ten plena aceptación
    de ti y de los demás —
sin condiciones ni juicios,
sabiendo que las diferencias y los cambios
    hacen interesante la vida.
Aprecia como dones la risa
    y la diversión en tu vida,
y halla consuelo en saber
    que siempre puedes ejercer
la capacidad de ver el lado positivo.

Barbara Cage

Practica el optimismo

Ve al encuentro de cada desafío
con fortaleza y valor.
Escucha a tu corazón,
encuentra sabiduría para seguir el
    camino correcto,
y muestra tu fortaleza y tu valor
al ser paciente.
Defiende tus creencias,
di "no" a aquello que no es
compatible con tus valores,
y muestra tu fortaleza y tu valor
al serte fiel.

Abre nuevas puertas
aunque parezca que estás cansado de seguir adelante.
Encuentra la energía para ver un nuevo amanecer —
un punto de vista nuevo —
y crea una nueva dirección
allí donde ninguna parece posible.
Muestra tu fortaleza y tu coraje
al ser optimista.

Bonnie St. John

Niégate a la tristeza

Niégate a que se multipliquen tus penas;
   enfréntalas una por una.
Organiza tu tiempo; mantén sencilla tu vida
   y tal como quieres que sea.
Niégate a quejarte por todo;
   aprende a mejorar tu entorno
y crea tu mundo
   tal cual crees que deba ser.
Niégate a detenerte en los errores
   o desencantos
que son en ocasiones parte de la vida;
aprende en cambio cómo
   mejorar la situación.

Adopta una actitud enérgica y positiva
en todo lo que haces,
y siempre espera lo mejor.
Cree en tu persona en todo momento
y en todos los aspectos de tu vida.
Antes de que te des cuenta,
esos sueños maravillosos
que cultivaste durante toda tu vida
se realizarán,
y tu vida será
la vida feliz y triunfadora
que estaba destinada a ser.

Ben Daniels

Al menos una vez al día...

Agasájate con algo
que te haga feliz.
Date permiso
para equivocarte.
Celebra incluso
tus éxitos más mínimos;
perdónate
tu mayor derrota.
Valórate
por el esfuerzo que has hecho,
el bien que has hecho,
y la alegría que compartiste.

Acepta
quién eres,
qué eres...
es hermoso.

≈

Paula Finn

Cree en el poder de ser tú

Cuando las cosas comienzan a ser demasiado y parece que no hay alternativas ni soluciones, cree en que puedes superar la adversidad que enfrentas y sabe que las cosas finalmente mejorarán.

La vida trae dudas e incertidumbre. No hay garantías y desde luego, no hay bolas de cristal. Pero siempre hay esperanza. Hay bondad y cariño de parte de los otros. Existe la garantía del amor, que siempre será una protección y seguridad. Cree en el poder de la energía positiva en tu vida.

Cree en el poder de ser Tú.

—

Debbie Burton-Peddle

Esta es tu vida.
Usa el poder
de escoger lo que deseas hacer
y hazlo bien.
Usa el poder
de amar lo que deseas en la vida
y ámalo con fidelidad.
Usa el poder
de caminar en un bosque
y ser parte de la naturaleza.
Usa el poder
de controlar tu propia vida.
Nadie puede hacerlo por ti.
Usa el poder
de hacer que tu vida sea
sana,
emocionante,
completa
y muy feliz.

Susan Polis Schutz

Comienza hoy, y conviértelo en un hábito

Tienes la posibilidad de ser tan feliz como cualquier persona lo haya sido jamás. Tienes la oportunidad de enorgullecerte como cualquier persona que hayas conocido jamás. Tienes el potencial de hacer realidad un sueño muy especial.

Y todo lo que tienes que hacer… es reconocer las posibilidades, el poderío y la maravilla del día de… hoy.

~

Douglas Pagels

La actitud positiva es un hábito como cualquier otro; podemos practicarla todos los días hasta que se vuelva parte de nuestro ser… y transforme nuestra vida en el trayecto.

~

Washington L. Crowley

Que cada amanecer traiga...

Sueños que sean siempre
profundos como para bendecirte,
fuertes como para guiarte,
y grandes como para llevarte
hasta las estrellas y más allá;
pequeños placeres y grandes alegrías
y cielos felices que siempre
brillan sobre ti,
más sonrisas y risas,
de las que has tenido hasta ahora;
satisfacción y bienestar
que te sigan a todas partes;
todas las cosas que significan
todo para ti;
plegarias que ascienden al paraíso;
y un ángel guardián a tu lado.

Que cada amanecer esté
lleno de belleza y finales felices.
Que sientas alegría en tu corazón,
    dicha en tu espíritu,
        y agradecimiento ante tu vida.

Linda E. Knight

¡Puedes hacerlo!

Puedes ser optimista. Porque la gente que espera que las cosas salgan bien a menudo preparan las condiciones para obtener un resultado hermoso.

Puedes poner las cosas en perspectiva.
Porque algunas cosas son importantes y
otras definitivamente no.

Puedes recordar que más allá de las nubes,
el sol sigue brillando. Puedes enfrentar cada
desafío y luchar con todo tu ser.

Puedes contar tus bendiciones. Puedes
sentir inspiración para subir tus escaleras
y tener largas y agradables conversaciones
con tus estrellas de los deseos. Puedes ser
fuerte y paciente. Puedes ser gentil y prudente.

Y puedes creer en finales felices. Porque
eres el autor de la historia de tu vida.

Douglas Pagels

Deja que estas palabras sean tu guía...

Mientras sigas intentándolo, nunca dejarás de lograrlo. Sigue alimentando tu mente y nunca tendrás hambre de ideas. Sigue siendo optimista y nunca perderás las esperanzas.

Adopta el cambio y seguirás creciendo para siempre. Sigue haciendo nuevos amigos y tu círculo se expandirá constantemente. Fomenta los talentos de otros y siempre obtendrás resultados.

Cumple tus promesas y siempre tendrás la confianza de la gente. Sé quien eres y siempre serás auténtico. Da crédito a aquellos que te ayudaron a alcanzar tus metas, y siempre tendrás un equipo.

Sigue apuntando alto y siempre tendrás sueños. Mantén tus ojos abiertos y verás las oportunidades. Conserva tu entusiasmo y siempre tendrás inspiración. Sé paciente y persistente y nunca sentirás la necesidad de desistir. Busca ayuda cuando la necesites y nunca lucharás solo.

Conserva tu energía, tu pasión y entusiasmo por la vida y nunca estarás aburrido o descontento. Concéntrate en tus metas y no en lo que los otros desean que seas o lo que desean que logres.

Cuando tomes decisiones, presta atención a tu mente lógica, pero no dejes atrás la sabiduría de tus instintos y los mensajes de tu corazón. Escucha a todos ellos y haz lo que sea correcto para ti. Deja que tu fe sea una luz que te guíe y te reconforte diariamente y siempre te sentirás bendecido.

Deja que estas palabras sean tu guía para una vida positiva. Consérvalas en tu mente, tu corazón y tu espíritu. Úsalas junto a los principios guía que descubras tú mismo para crear el futuro que elijas para ti.

Jacqueline Schiff

Que siempre tengas pensamientos positivos

Que los días sean benévolos contigo: reconfortantes más que delirantes y que den más de lo que quitan.

Que las estaciones que pasan garanticen que cada pena sea reemplazada por un millón de sonrisas y que cualquier viaje difícil se convierta finalmente en distancias bellas y tranquilas que te lleven donde quieras ir.

Que tus sueños hagan todo lo posible por hacerse realidad.

Que tu corazón se llene con la bondad de los amigos, el cariño de todos a quienes amas y la riqueza de los recuerdos que no cambiarías por nada.

Que las pequeñas preocupaciones de la vida sigan siendo siempre pequeñas.

Que cada día te acerques más a cualquier objetivo que quieras lograr.

Que todo cambio sea bueno y todo desafío termine siendo para mejor.

¡Que encuentres el tiempo para hacer las cosas que siempre quisiste hacer!

Y que siempre tengas pensamientos positivos.

Douglas Pagels

Reconocimientos

La siguiente es una lista parcial de autores a quienes la casa editora desea agradecer específicamente por haber otorgado su permiso para la reproducción de sus obras.

PrimaDonna Entertainment Corp. por "No permitas que nada robe tu dicha" y "Tienes opciones" por Donna Fargo. Propiedad intelectual © 2005, 2010 de PrimaDonna Entertainment Corp. Todos los derechos reservados.

Barbara J. Hall por "No tienes por qué aceptar la derrota" y "Mientras tengas esperanza...." Propiedad intelectual © 2011 de Barbara J. Hall. Todos los derechos reservados.

Lynn Keachie por "No podemos controlar el mundo exterior...." y "El mayor éxito en la vida es...." Propiedad intelectual © 2011 de Lynn Keachie. Todos los derechos reservados.

Jason Blume por "Busca la luz del sol." Propiedad intelectual © 2008 de Jason Blume. Todos los derechos reservados.

April Aragam por "Rodéate de positividad." Propiedad intelectual © 2011 de April Aragam. Todos los derechos reservados.

Vickie M. Worsham por "En el centro de toda felicidad y éxito hay una actitud positiva." Propiedad intelectual © 2011 de Vickie M. Worsham. Todos los derechos reservados.

Linda E. Knight for "Recuerda que un deseo...." Propiedad intelectual © 2011 de Linda E. Knight. Todos los derechos reservados.

Paula Finn por "Al menos una vez al día...." Propiedad intelectual © 2011 de Paula Finn. Todos los derechos reservados.

Debbie Burton-Peddle por "Cree en el poder de ser tú." Propiedad intelectual © 2011 de Debbie Burton-Peddle. Todos los derechos reservados.

Jacqueline Schiff por "Deja que estas palabras sean tu guía...." Propiedad intelectual © 2011 de Jacqueline Schiff. Todos los derechos reservados.

Hemos llevado a cabo un esfuerzo cuidadoso para identificar la propiedad intelectual de los poemas publicados en esta antología, con el objeto de obtener los permisos correspondientes para reproducir los materiales registrados y reconocer debidamente a los titulares de la propiedad intelectual. Si ha ocurrido algún error u omisión, ha sido totalmente involuntario y desearíamos efectuar su corrección en ediciones futuras, siempre y cuando se reciba una notificación por escrito en la editorial:

BLUE MOUNTAIN ARTS, INC., P.O. Box 4549, Boulder, Colorado 80306, EE.UU.